LES

STATUES DE FONTEVRAULT

ET LA

SOCIÉTÉ D'AGRICULTURE, SCIENCES & ARTS

D'ANGERS

PAR

G. D'ESPINAY

Ancien Conseiller à la Cour d'Appel
Président honoraire de la Société d'Agriculture, Sciences et Arts d'Angers

ANGERS

GERMAIN & G. GRASSIN, IMPRIMEURS-LIBRAIRES

40, rue du Cornet et rue Saint-Laud

—

1902

(6)

EXTRAIT DE LA REVUE DE L'ANJOU

LES

STATUES DE FONTEVRAULT

ET LA

SOCIÉTÉ D'AGRICULTURE, SCIENCES & ARTS

D'ANGERS

PAR

G. D'ESPINAY

Ancien Conseiller à la Cour d'Appel
Président honoraire de la Société d'Agriculture, Sciences et Arts d'Angers

ANGERS

GERMAIN & G. GRASSIN, IMPRIMEURS-LIBRAIRES
40, rue du Cornet et rue Saint-Laud

1902

LES STATUES DE FONTEVRAULT

ET LA

Société d'Agriculture, Sciences et Arts d'Angers

La *Revue de l'Anjou* a publié, dans son numéro de mars-
avril 1902, une notice sur la vie et les travaux de M. Célestin
Port, par M. Jules Lair, membre de l'Institut, lue devant
l'Académie des Inscriptions et Belles-Lettres, à la séance
du 11 avril.

Dans ce travail, remarquablement écrit, on lit la phrase
suivante, faisant allusion au don des statues des Plantagenets par le Gouvernement impérial à la Reine d'Angleterre en 1866 :

« Un heureux concours de circonstances, surtout le peu
« d'empressement de l'Angleterre à réclamer l'impérial
« cadeau, assurèrent le maintien, à Fontevrault, des statues
« menacées ; toujours est-il que Port avait pris *seul* leur
« défense [1]. »

Dire que M. Port avait pris seul la défense des statues,
c'est accuser les autres archéologues angevins et les Sociétés
savantes locales d'avoir montré une coupable inertie dans
cette circonstance. Cette accusation est grave ; heureuse-
ment elle n'est nullement justifiée.

[1] Mars-avril 1902, p. 187.

Le savant académicien a commis ici une erreur, bien involontaire assurément ; mais la vérité avant tout. Qu'il me soit permis de rétablir les faits dans leur exactitude.

A la séance du 3 novembre 1866, M. Godard-Faultrier, conservateur du Musée archéologique, communiqua à la Société d'Agriculture, Sciences et Arts d'Angers ses craintes au sujet de l'enlèvement des statues des Plantagenets déposées dans une chapelle de l'ancienne abbaye de Fontevrault. Une Commission fut immédiatement nommée pour étudier la question [1].

A la séance suivante (6 décembre), tenue sous la présidence de M. le Préfet de Maine-et-Loire, M. Victor Pavie, vice-président de la Société, lut une énergique protestation contre le projet gouvernemental [2].

La Société ne s'en tint pas là. M. Godard-Faultrier fit une nouvelle communication et donna, au cours de la séance du 4 février 1867, lecture d'une lettre de M. de Caumont, directeur de la Société française d'Archéologie, sur le même sujet. M. de Falloux, présent à cette séance, prit l'engagement d'appuyer, près de l'Institut, la demande de la Société pour la conservation des statues à Fontevrault [3]. A la séance suivante (13 février 1867), M. Lachèse, président de la Société, fit à l'assistance un exposé de l'état de la question et l'informa qu'il avait donné avis à M. Joly, architecte du département, du danger que couraient les statues. M. Joly répondit qu'il avait de suite prévenu M. Louvet, maire de Saumur et député de Maine-et-Loire ; celui-ci avait écrit immédiatement à l'Empereur.

M. le Président Lachèse lut alors un projet de protesta-

---

[1] *Mémoires de la Société d'Agriculture, Sciences et Arts d'Angers*, 1866, pp. 490-491.

[2] *Mémoires de la Société d'Agriculture, etc.*, pp. 492-493 ; voir le texte de cette protestation intitulée : « Westminster et Fontevrault », 1866, p. 229 et suivantes.

[3] *Mémoires de la Société d'Agriculture, etc.*, année 1867, pp. 104 et 105, p. 23 et suivantes.

— 5 —

tion qui devait être adressé aux Ministres d'État, des
Finances, de l'Intérieur, de l'Instruction publique et des
Cultes, de la Maison de l'Empereur et des Beaux-Arts [1].
Cette protestation, en date du 13 février 1867, fut immé-
diatement envoyée à sa destination ; elle figure *in extenso*
dans nos Mémoires.

Notre Président écrivit ensuite à M. le Bâtonnier des
avocats à la Cour d'Angers, pour lui demander une
consultation sur la question légale au sujet du droit du
Gouvernement de disposer des statues. M. Philippe Bellanger, alors bâtonnier des avocats à la Cour d'Angers,
rédigea une consultation fortement motivée par laquelle il
démontre que les objets, même mobiliers, appartenant à
l'État ne peuvent être aliénés qu'en vertu d'une loi. Cette
consultation, datée du 9 mars 1867, reçut l'adhésion de
presque tous les avocats d'Angers ; elle a été publiée dans
nos Mémoires, avec toutes les adhésions [2].

La consultation des avocats d'Angers fut envoyée à
Paris et reçut les adhésions des sommités du Barreau de
la capitale : MM. Allou, bâtonnier de l'ordre des avocats,
Berryer, Dufaure, Marie, tous anciens bâtonniers, Albert
Gigot, Salvetat, signèrent et motivèrent leurs adhésions [3].

Le 22 mars 1867, à la séance de la Société, M. le docteur
Lachèse, président, rend compte à nouveau des faits relatifs
aux statues de Fontevrault et fait savoir ce qui s'est passé
depuis la dernière séance.

[1] *Mémoires de la Société d'Agriculture, etc.*, 1867, p. 107 et suivantes.

[2] *Mémoires de la Société d'Agriculture, etc.*, année 1867, p. 74, 75
et suivantes. Cette consultation porte les signatures suivantes :
Philippe Bellanger, fils, bâtonnier: Guitton, ainé, ancien bâtonnier ;
A. Fairé, ancien bâtonnier ; Jules Guitton, ancien bâtonnier ;
E. Affichard, secrétaire du Conseil de l'Ordre; Philippe Bellanger,
père, ancien bâtonnier: Bonneau, ancien bâtonnier ; Deleurie,
Ch. Rousseau. Th. Bigot, Ch. Dumont, Bureau du Colombier,
E.-A. Aubry, Cubain.

[3] *Mémoires de la Société d'Agriculture, etc.*, année 1867, p. 88 et
suivantes.

Il donne lecture des pièces suivantes :

1° Une note du correspondant du *Times* ;

2° La lettre de M. Louvet à l'Empereur ;

3° Une lettre de M. le Préfet de Maine-et-Loire ;

4° Un article adressé le 17 février par M. Beulé, président d'honneur de notre Société, au Directeur du *Journal des Débats* ; dans cet article il est dit que « le Préfet, « l'Évêque, les Députés, anciens et nouveaux, les Maires « des villes, les corps savants, ont adressé leurs doléances « et leurs revendications aux ministres compétents, en les « priant de les faire parvenir jusqu'à l'Empereur ; l'opinion « s'est émue également à Paris et l'Académie des Inscrip- « tions et Belles-Lettres s'associait à l'opinion par un vote « unanime dans sa séance du vendredi 15 février [1] » ;

5° Une lettre de remerciement écrite par M. le Président Lachèse à M. Beulé et la réponse de ce savant ;

6° Une lettre d'un anglais, signée du pseudonyme *Catholicus*, qui engage les Angevins à ne pas laisser aller ces statues catholiques dans une terre protestante ;

7° Les paroles prononcées par lord Stanley au Parlement anglais sur l'offre gracieuse des statues faite par l'Empereur à la Reine d'Angleterre ; — un second article publié à la suite de ces paroles par M. Beulé dans le *Journal des Débats* (il est dit dans cet article que toutes les Sociétés savantes de l'Ouest se sont associées à la revendication des statues ; qu'à Paris, l'Académie des Inscriptions et Belles-Lettres, la Société des Antiquaires de France et les divers Comités qui siègent au Ministère de l'Instruction publique ont protesté par des vœux unanimes) ;

8° Une nouvelle lettre de M. Beulé demandant qu'une pétition soit adressée au Sénat (la pétition au Sénat fut rédigée le 12 février 1867, mais non envoyée par égard pour les demandes faites par MM. les Députés de Maine-et-Loire) ;

[1] *Mémoires de la Société d'Agriculture, etc.*, année 1867, p. 114.

9° Une lettre écrite directement par M. le Président à lord Stanley et accompagnée de documents ;

10° La réponse du secrétaire de lord Stanley, accusant réception de la lettre et des documents ;

11° L'acte d'adhésion de M. Dufaure et de plusieurs autres avocats des plus distingués du Barreau de Paris à la consultation rédigée par le bâtonnier et acceptée par la plupart des avocats du Barreau d'Angers ;

12° Des lettres, en date du 12 mars 1867, de MM. Segris et Louvet, députés de Maine-et-Loire, à l'occasion des actives démarches faites par eux pour la défense de nos statues (l'un et l'autre des honorables députés font savoir qu'ils en avaient conféré avec M. Berryer) ;

13° Nouvelle lettre de M. Segris sur la distribution de la consultation des avocats d'Angers aux membres du Corps législatif.

M. le Président, au nom de la Société, rend hommage au zèle et au dévouement avec lesquels M. Port, archiviste de Maine-et-Loire, non content d'écrire contre le projet d'enlever les statues, s'est rendu à Fontevrault en même temps que l'agent des Domaines pour protester contre cet enlèvement[1].

Les démarches de la Société et des personnes auxquelles elle s'était adressée furent couronnées de succès. A la séance du 30 mars 1867, M. le Président fait connaître à la Société l'heureux résultat de ces démarches. M. le Préfet, arrivé de Paris, s'est empressé de lui faire connaître qu'il avait eu une longue conversation avec M. de la Vallette, ministre de l'Intérieur, relativement aux statues de Fontevrault. Son Excellence lui a appris que l'Empereur a, non seulement renoncé à l'enlèvement des statues, mais encore ordonné que l'installation de ces monuments véné-

---

[1] *Mémoires de la Société d'Agriculture, etc.,* année 1867, p. 112 et suivantes.

rables du passé fût améliorée et rendue convenable sous tous les rapports.

M. le Président, revenant alors sur le passé, informe la Société que dès le 9 février, M. de Falloux avait écrit à M. Vitet, membre de l'Académie française, au sujet des statues de Fontevrault; il ajoute que la nouvelle du maintien des statues à Fontevrault a été annoncée à la séance de la Chambre des Communes par lord Stanley[1].

Sur la proposition de M. le Président, la Société décide que des remerciements seront adressés en son nom à M. le Préfet, à Mgr l'Évêque, à M. le Directeur de Fontevrault et à toutes les personnes à l'intervention desquelles l'Anjou doit de conserver les statues de ses princes, et qu'en outre le titre de membre honoraire de la Société d'Agriculture, Sciences et Arts d'Angers serait décerné à MM. Berryer, Dufaure et Vitet, membres de l'Académie française; de Las Cases, Louvet et Segris députés du département de Maine-et-Loire; Bellanger, bâtonnier des avocats d'Angers[2].

Il résulte de l'ensemble de ces documents authentiques et publiés dans nos Mémoires que M. Port n'a pas *seul* défendu les statues de Fontevrault. Les noms des Berryer, des Beulé, des de Caumout, des Dufaure, des Marie, des de Falloux, des Vitet ne sont pas encore aujourd'hui passés complètement de nos oublieuses mémoires ; ils ne peuvent être laissés de côté comme nuls et non avenus. Des corps aussi importants que le Barreau d'Angers, le Barreau de Paris, représenté par Me Allou et les autres célébrités du temps, l'Institut lui-même, ne sont pas, que je sache, des quantités négligeables. Est-il permis de ne tenir aucun compte des démarches faites alors par MM. Poriquet, pré-

---

[1] Le passage du *Times* reproduisant les paroles prononcées par lord Stanley à la Chambre des Communes est reproduit dans nos Mémoires, année 1867, p. 125 et 126.

[2] *Mémoires de la Société d'Agriculture, etc.*, année 1867, p. 123 et 124.

fet de Maine-et-Loire, de Las Cases, Louvet, Segris, députés, et enfin par notre président, M. le Dr Lachèse, agissant au nom de toute la Société [1] ?

M. Lair, dans une note mise au bas de la page, loue M. Port de la modestie qu'il a montrée en rendant compte, dans son *Dictionnaire historique de Maine-et-Loire*, de l'incident relatif aux statues de Fontevrault. Je transcris ici ce passage : « En 1867, un acte de gracieuseté impé-
« riale en avait fait don à la reine Victoria ; mais, par un
« malentendu inexpliqué, l'agent des Domaines chargé de
« la remise irrévocable ne trouva personne au rendez-
« vous pour prendre livraison au nom du Ministère d'État ;
« et, le jour même, un des correspondants du Ministère de
« l'Instruction publique, présent à la séance, adressait une
« protestation énergique, que le Comité historique envoya,
« en l'appuyant, au Ministre, et que des sollicitudes immé-
« diatement soulevées dans tout le pays réitérèrent avec
« toute la force d'une véritable indignation du sentiment
« public [2]. »

M. le président Lachèse a rendu hommage, comme nous l'avons vu ci-dessus, au rôle très honorable qu'a joué M. Port dans cette circonstance. Dans son article du *Dictionnaire historique*, le *correspondant du Ministère de l'Instruction publique* n'est pas nommé, mais il est suffisamment désigné. Il a omis de mentionner l'intervention des notabilités et des corps constitués que nous avons cités plus haut. Je me suis efforcé, dans ce trop long récit, de rendre à chacun ce qui lui appartient : *suum cuique*.

---

[1] Il ne faut pas oublier que la Société a été saisie de la question par un rapport de M. Godard, créateur de notre Musée archéolo-gique, auquel on n'a pas encore rendu justice. La postérité sera-t-elle aussi ingrate pour lui que l'ont été ses contemporains ? Ne pas oublier non plus que la première protestation a été rédigée par M. Victor Pavie, dont le talent n'a pas été toujours suffisamment apprécié de son vivant.

[2] *Dictionnaire historique, géographique et biographique de Maine-et-Loire*, par Célestin Port, article *Fontevrault*

M. Lair parle enfin du peu d'empressement que l'Angleterre aurait témoigné à réclamer l'impérial cadeau. Ce n'est pas l'impression qui résulte de la lecture des paroles de lord Stanley prononcées à la Chambre des Communes. On voit, au contraire, que le Gouvernement britannique a reculé devant le soulèvement causé en France par le projet impérial et « par la crainte qu'une mésintelligence « ne s'élevât entre l'Empereur et ses propres sujets, à « propos d'un acte de courtoisie envers l'Angleterre ».

Angers, imp. Germain et G. Grassin. — 2001-2.